Inhalt

Rückkehr zur Einfachheit

Kernthesen

Beitrag

Fallbeispiele

Weiterführende Literatur

Impressum

GENIOS WirtschaftsWissen Nr. 11/2002 vom 14.11.2002

Rückkehr zur Einfachheit

I.Zeilhofer-Ficker

Kernthesen

- Bücher, die die Vereinfachung des Lebens oder Managens propagieren, stehen seit Monaten auf den Sachbuch-Bestsellerlisten Deutschlands.
- Auch das moderne Management besinnt sich mehr und mehr auf die einfachen Grundlagen jeder Menschenführung, vor allem dem Vertrauen wird wieder ein höherer Stellenwert eingeräumt.
- Vereinfachung ist aber auch Trend in Architektur, Austattung und Möblierung, Produktdesign, in der Esskultur und der Politik.
- Als Vorbild-Unternehmen für Einfachheit

gelten beispielsweise ALDI, IKEA, und Toyota.

Beitrag

Die Bestsellerlisten lassen vermuten: die Welt ist zu kompliziert. Auch Deutschland leidet unter der Last der Verkomplizierung und Bürokratisierung. In den Sachbuch-Bestsellerlisten haben es Ratgeber, die Tipps für ein einfacheres Leben und Arbeiten geben, nach oben geschafft. Vor allem der Ratgeber "Simplify your life" von Werner Tiki Küstenmacher und Lothar Seiwert, der Titel "Einfach managen" von Dieter Brandes und das Buch "Vertrauen führt" von Reinhardt K. Sprenger erfreuen sich großer Beliebtheit. (1), (2), (3)

Seit Elaine St. James 1994 die erste Ausgabe von "Simplify Your Life" herausbrachte, ist in den USA eine regelrechte Vereinfachungs-Bewegung entstanden. Neben drei Zeitschriften zum Thema gibt es mittlerweile vier Bücher aus der Simplify-Reihe, die die Themen Vereinfachung des Arbeitslebens (Simplify Your Work Life), die innere Einfachheit (Inner Simplicity) und das einfache Leben leben (Living The Simple Life) behandeln. (5)

In Deutschland sicherte sich der Verleger Rentrop

den Titel und unterhält seit 1998 einen Online-Informationsdienst dieses Namens, der von Werner Tiki Küstenmacher redigiert wird. Die daraus entstandene deutsche Buch-Version von "Simplify your life" hat es auf den vordere Plätze der Sachbuch-Bestsellerlisten geschafft. (5)

Der Trend zu Ratgebern, die auf das Wesentliche hinweisen, wurde von auch Verlagsfachleuten anlässlich der Frankfurter Buchmesse im Oktober bestätigt. (4)

Vereinfachung ist angesagt, vom Entrümpeln des Kleiderschrankes über die Änderung der Essgewohnheiten bis hin zum Aufräumen in Familie und Partnerschaft soll alles auf einen einfachen Nenner gebracht werden. Der wachsenden Komplexität in Unternehmen kann auch mit einfachem Management begegnet werden. Durch Klarheit und Verzicht zum Wesentlichen zu finden, wird von vielen als der beste Management-Tipp des Jahres angesehen. (14)

Teilaspekte

Eigenbetrachtung

Als Krönung eines wirklich einfachen Lebens kann man sich selbst enträtseln, sein Lebensziel entdecken, sein Gewissen entlasten und seine Stärken entwickeln. (6)

Unternehmerische Zielsetzung

Ziele sind das Fundament jedes unternehmerischen Handelns. Gerade in großen, unübersichtlichen Unternehmen ist eine klare, gut formulierte, verständliche Zielsetzung wichtig, um Komplexität zu vermeiden. Wenn mehrere Ziele gleichzeitig verfolgt werden sollen, erhöht sich die Komplexität, deshalb sollten wenige Ziele, möglichst nur eines, formuliert werden. Mittelpunkt jeglicher Zielsetzung muss in Unternehmen der Kunde sein. Schon seit der Mensch mit Tauschgeschäften anfing gilt, dass man nur dem Händler treu bleibt, der zufriedenstellende Produkte zu einem fairen Preis anbietet. Hat der Kunde Zweifel an der Redlichkeit des Händlers oder der Qualität des Angebotes wird er zu einem anderen Lieferanten wechseln. (14), (15)

Ballast abwerfen

Die technischen Möglichkeiten, Daten und Wissen in Computersystemen anzuhäufen und allen zugänglich zu machen, sind heutzutage fast grenzenlos. Dabei ist es leicht, in dem Wirrwarr von Daten und Programmen die Orientierung zu verlieren. Statt Analysen und Prognosen zu erstellen kann man besser mehr Entscheidungen aus dem Bauch heraus treffen, zum Vertrauen in die eigene Lebenserfahrung und Intuition.

Es ist häufig wichtiger, im Kopf Platz zum Denken zu haben, denn zahllose Informationen dort zu speichern. (14) Analog soll man all jenes bedenkenlos aussortieren, das man schon seit einem Jahr oder länger nicht mehr in der Hand hatte. Sei es Schreibtisch oder Kleiderschrank, Bücherregal oder Geschirrschrank, das Gerümpel, das sich im Leben ansammelt, soll auch zur mentalen Überfüllung beitragen und daher den freien Fluss von Gedanken, Ideen und Erkenntnissen behindern. Menschen, die etwas aufheben, weil sie es später noch einmal brauchen könnten, wird nachgesagt, sie hätten mangelndes Vertrauen in die Zukunft. (5), (6)

Mut, Vertrauen und Gesundheit

Angst begleitet 70 % der heutigen Manager. Man hat Angst vor Fehlern, vor Anerkennungsverlust, vor Überforderung, vor Konkurrenten oder Vorgesetzten. Doch wer Angst hat ist nicht produktiv und kann sich nicht positiv entwickeln. Es ist daher wichtig, mehr Mut und Selbstvertrauen zu entwickeln und auch den Mitarbeitern die Angst vor Jobverlust zu nehmen. Der Betrieb sollte eine Fehlerlernkultur aufbauen, in der es nicht wichtig ist, Fehler zu vermeiden, sondern aus seinen Fehlern zu lernen und zu profitieren. (14) Ohne Vertrauen geht nichts: Der Mensch muss seinem Auto, seinem Videorecorder oder dem Flugzeug vertrauen, wenn er nicht leben will wie im Mittelalter.

Noch wichtiger aber ist Vertrauen im Umgang mit Menschen. Jedes Zusammenwirken im Familienkreis, im sozialen Umfeld, mit Kunden, Lieferanten, mit Mitarbeitern und Kollegen basiert auf Vertrauen. Man könnte jedem bis an die Grenze vertrauen, aber sicherstellen, dass man es erfährt, wenn das Vertrauen missbraucht wird. Jeder Mitarbeiter sollte dann wissen, dass der Vorgesetzte von dem Vertrauensbruch informiert werden wird und dass Vertrauensmissbrauch konsequent gravierende und unausweichliche Folgen nach sich zieht. (14)

Entspannen, entschlacken, Begeisterung entzünden sind die gesundheitlichen Schlagworte. Die Trinkgewohnheiten werden dahingehend vereinfacht, dass jeden Tag zwei Liter Leitungswasser getrunken werden, die Essgewohnheiten werden auf einfache Gerichte mit viel Obst und Gemüse und wenig Fleisch umgestellt. (6), (8)

Konsequenz an den Tag legen

Die Konzentration auf Kernkompetenzen ist ein anderer wesentlicher Faktor für den Unternehmenserfolg. Nur wenn eine Firma konsequent an der Fortentwicklung seiner Kernkonsequenzen arbeitet, kann sie sich von seinen Konkurrenten unterscheiden, um von den potenziellen Kunden wahrgenommen zu werden. Konsequenz ist auch notwendig, um sich nicht zu verzetteln, sondern bei der einmal gewählten und als richtig befundenen Firmenstrategie zu bleiben. (14), (16)

Auf privater Ebene sollen Gespräche entdramatisiert, die Beziehung entfaltet und die sexuelle Energie entfesselt werden. Eine nicht funktionierende Partnerschaft kann man auch besser gleich beenden.

(6) Eine weitere Aufgabe besteht im Entwirren von Familienbanden, dem Vermeiden von Neidgefühlen durch Hersagen der Formel "Ich gönne Dir das!", sowie das sorgfältige Planen der eigenen Beerdigung. Der extreme Rat hierzu ist ein Musterbrief für die Angehörigen mit den gewünschten Details (einfacher Sarg etc.). (6), (8)

Verzicht

Jedes Unternehmen sollte sorgfältig überprüfen, auf welche Möglichkeiten es verzichten kann. Durch konsequentes Streichen von Produktvarianten, bürokratischen Vorschriften oder Prozessen, durch Verzicht auf Analysen oder Planungszyklen kann viel an Ressourcen und Energie gespart werden. Schon Antoine de Saint-Exupéry sagte: "Vollkommenheit entsteht nicht dann, wenn man nichts mehr hinzufügen kann, sondern wenn man nichts mehr wegnehmen kann." (14) Man soll dem Sicherheitsdenken entkommen und sich entschulden. Ein neuer Blick auf den Bereich Besitztum ist notwendig, ebenso wie die Überlegung, ob man sich mit einer Mietwohnung nicht weniger Probleme aufhalst, als mit dem eigenen Haus. Vielleicht kann man ja gleich ganz auf eine Wohnung verzichten und kauft sich stattdessen ein Boot? Erreichbar ist man heutzutage überall auf der Welt, für viele Berufe ist es auch nicht mehr notwendig, von einem bestimmten Ort aus zu arbeiten, also warum sich mit einer Wohnung belasten? (6), (7)

Das Fazit

Ganz kritiklos sollte man dem Einfachheitskult nicht einfach folgen. Sicher sind einige Tipps und Ratschläge hilfreich und richtig, doch nicht jeder findet sein Glück in einen leeren Wohnung mit einem Glas Mineralwasser und einer Karotte in der Hand beim Betrachten des Sonnenunterganges. Jeder sollte kritisch für sich selbst überlegen, welche der angesprochenen Punkte für ihn sinnvoll und durchführbar sind. Einige Experten halten mittlerweile die neue Lehre vom Verzicht nur noch für eine kurzlebige Befindlichkeitswelle. (9)

Fallbeispiele

In vielen Unternehmen sind bereits die negativen

Folgen von mangelndem Vertrauen erkennbar. Motivationsdefizit, hoher Krankenstand, zu hohe Durchlaufzeiten oder mangelnde Kommunikation unter den Mitarbeitern sind Symptome dafür. Die gängige Vorgehensweise, wegen 2 Prozent schwarzer Schafe die restlichen 98 Prozent ehrlicher Menschen mit Misstrauensritualen zu verärgern ist schädlich. Unternehmen ohne Vertrauen sind kaum zukunftsfähig. (17)

In den Vereinigten Staaten gibt es mittlerweile zwei berufsständische Vereinigungen, die "Professional Organizers", die das Leben anderer Leute aufräumen. In Österreich beschränkt man sich mit dem Helfen beim Wohnungsentrümpeln. Seit kurzem gibt es dort einen professionellen Wohncoach, der zum neuen Wohngefühl verhelfen soll. (5)

ALDI wird immer wieder als Beispiel eines "einfachen" Unternehmens genannt. So beschränkt sich ALDI auf eine gewisse Artikelzahl, die konsequent eingehalten wird. Kommt ein neuer Artikel hinzu wird ein anderer dafür gestrichen. Auf Planungen und Prognosen wird verzichtet, aber auf Qualität geachtet. (14)

Die japanischen Autohersteller leisten sich den Luxus, ihre Autos serienmäßig mit vielen Extras auszustatten. Dadurch reduzieren sie die Anzahl der angebotenen Varianten und sparen, trotz hochwertigerer Ausstattung, erheblich an Produktionskosten. Einfach aber zuverlässig ist die Devise bei Toyota. (14)

Erprobte Produktpalette, günstige Preise, Design, Formschönheit, Funktionsgerechtigkeit und einfache Bauanleitungen sind die Ziele von IKEA. Die Managementstruktur ist auf Vertrauen aufgebaut, der Firmenchef, Ingvar Kamprad für seine Einfachheit berühmt. (14)

Trendsetter in Großbritannien im Restaurantbereich ist die Wagamama-Kette. Hier wird in mittlerweile in 17 sogenannten Noodlebars vorzügliches Essen zu niedrigen Preisen in schmucklosen, einfachen Räumen angeboten. (12)

Weiterführende Literatur

(1) Bestseller Wirtschaftsbücher - Bestsellerliste, Manager Magazin, 01.11.2002, Nr. 11, S. 248
aus Frankfurter Rundschau v. 10.04.2002, S.4

(2) Wirtschaftsbücher, Welt am Sonntag, Jg. 53, 03.11.2002, Nr. 44, S. 35
aus Frankfurter Rundschau v. 10.04.2002, S.4

(3) Bestseller - Sachbücher, Der Spiegel, 04.11.2002, Nr.

45, S. 191
aus Frankfurter Rundschau v. 10.04.2002, S.4

(4) Vieser, Susanne, Wirtschaftstitel - Mehr-Buchwert, FOCUS-MONEY, 10.10.2002, Ausgabe 42, S. 84 - 88
aus Frankfurter Rundschau v. 10.04.2002, S.4

(5) Enträtseln Sie sich selbst
aus Frankfurter Allgemeine Zeitung, 29.07.2002, Nr. 173, S. 33

(6) http://www.simplify.de
aus Frankfurter Allgemeine Zeitung, 29.07.2002, Nr. 173, S. 33

(7) Bitzer, O. W., Am Rio Dulce wächst die Welt zusammen, Süddeutsche Zeitung, 09.11.2002, Ausgabe Deutschland, S. V1/1
aus Frankfurter Allgemeine Zeitung, 29.07.2002, Nr. 173, S. 33

(8) Dribbusch, Barbara, Die Antineidformel bringts - Die Leute wollen Lebenshilfe. Metaratgeber. Ein Besuch bei der Buchhändlerin, taz, 22.08.2002, S. 13
aus Frankfurter Allgemeine Zeitung, 29.07.2002, Nr. 173, S. 33

(9) Was hast du gestern weggeworfen? Entrümpeln soll glücklich machen, Oberösterreichische Nachrichten, 26.09.2002
aus Frankfurter Allgemeine Zeitung, 29.07.2002, Nr.

173, S. 33

(10) Liebs, Holger, Leb wohl, kühle Nüchternheit, Süddeutsche Zeitung, 24.08.2002, Ausgabe Deutschland, S. ROM5
aus Frankfurter Allgemeine Zeitung, 29.07.2002, Nr. 173, S. 33

(11) Poschart, Ulf, Das bessere Wohnzimmer, Welt am Sonntag, Jg. 53, 13.10.2002, Nr. 41, S. 61
aus Frankfurter Allgemeine Zeitung, 29.07.2002, Nr. 173, S. 33

(12) Lehrmeister der Einfachheit
aus Food Service Nr.09 vom 06.09.2002 Seite 070

(13) Schneider, Christian, "Es gibt einen Berg von Hemmnissen", Süddeutsche Zeitung, 06.11.2002, Ausgabe Deutschland, S. 39
aus Food Service Nr.09 vom 06.09.2002 Seite 070

(14) Einfach managen Komplexität kann nur durch Reduktion kontrolliert und gesteuert werden. Der Weg zu einer Kultur des Wesentlichen.
aus GDI_IMPULS 1/02, S. 32-39

(15) Deckstein, Dagmar, Alles ganz einfach, Süddeutsche Zeitung, 26.08.2002, Ausgabe Deutschland, S. 20
aus GDI_IMPULS 1/02, S. 32-39

(16) Demmer, Christine, Nicht jeder kann alles - Was versteht man eigentlich unter Kernkompetenzen?,

Süddeutsche Zeitung, 02.11.2002, Ausgabe Deutschland, S. V1/15
aus GDI_IMPULS 1/02, S. 32-39

(17) "Vertrauen wurde abgelöst durch zu kurz gedachte Ökonomie"
aus Frankfurter Allgemeine Zeitung, 04.11.2002, Nr. 256, S. 25

Impressum

Rückkehr zur Einfachheit

Bibliografische Information der deutschen Nationalbibliothek

Die Deutsche Nationalbibliothek verzeichnet diese Publikation in der deutschen Nationalbibliografie; detaillierte bibliografische Daten sind im Internet über http://dnb.d-nb.de abrufbar.

ISBN: 978-3-7379-1156-6

© 2015 GBI-Genios Deutsche Wirtschaftsdatenbank GmbH, Freischützstraße 96, 81927 München, www.genios.de

Alle Rechte vorbehalten. Dieses Werk ist einschließlich aller seiner Teile – z.B. Texte, Tabellen und Grafiken - urheberrechtlich geschützt. Jede Verwertung außerhalb der Grenzen des Urheberrechtsgesetzes bedarf der vorherigen Zustimmung des Verlags. Dies gilt insbesondere auch für auszugsweise Nachdrucke, fotomechanische Vervielfältigungen (Fotokopie/Mikroskopie), Übersetzungen, Auswertungen durch Datenbanken oder ähnliche Einrichtungen und die Einspeicherung und Verarbeitung in elektronischen Systemen.